Vorwort

Bald ist es Weihnachten und wie immer, werden viele Leckereien zubereitet, insbesondere Plätzchen und andere Leckereien.

Viele Menschen, die sich Low Carb ernähren, denken, dieses sei jetzt nicht mehr möglich und sie können den gewohnten Weihnachtszauber nicht erleben. Das muss nicht sein, denn es gibt viele alternative Möglichkeiten.

In diesem Buch finden Sie eine große Vielzahl von schmackhaften Rezepten, ohne aus der Low Carb Ernährung zu müssen.

Wenn Sie die Backwaren ihren Gästen servieren, werden sie kaum merken, dass Sie sich in einer Diät befinden.

Ich wünsche Ihnen ein gelungenes Weihnachten mit diesem Buch.

Inhaltsangabe

Marzipan Sterne

Zimtschnecken Kekse

Pistazien Plätzchen

Weihnachtliches Spritzgebäck

Orangen Mandel Kuchen

Glühwein Kuchen

Marzipan Kuchen

Stollen

Apfel Zimt Stuten

Marzipan Apfel Stuten

Orangen Stuten

Weihnachts Brownies

Lebkuchen Brownies

Anis Brownies

Zimt Waffeln

Walnuss Waffeln

Orangen Waffeln

Spekulatius Trüffel

Lebkuchen Trüffel

Glühwein Trüffel

Orangen Trüffel

Pistazien Trüffel

Marzipan Kartoffeln

Rumkugeln

Gebrannte Mandeln

Schoko Zimt Mandeln

Bratapfel mit Marzipan

Mandelpudding mit Rotwein Äpfeln

Impressum

Verlag: BoD · Books on Demand GmbH,

In de Tarpen 42, 22848 Norderstedt

Druck: Libri Plureos GmbH, Friedensallee 273,

22763 Hamburg

ISBN: 978-3-7693-0846-4

Zimtige Butterplätzchen

<u>Zutaten:</u>

100 g gemahlene Mandeln

1 TL Zimt

70 g Eiweißpulver Vanille

2 Eier

100 g Butter, weich

70 g Puder Erythrit

½ TL Backpulver

Zubereitung:

Den Backofen auf 40 Grad Umluft vorheizen. Alle Zutaten in eine Schüssel geben und miteinander verkneten.

Den Teig 10 Minuten ins Gefrierfach legen.

Den Teig hinausnehmen und 25 Kugeln daraus formen.

Auf ein mit Backpapier belegtes Backblech geben und mit einer Gabel plattdrücken.

Die Plätzchen ca. 12 Minuten backen.

Auskühlen lassen und genießen.

Nährwerte pro Plätzchen:

70 Kalorien, 6 g Fett, 0,5 g Kohlehydrate, 3,7 g Eiweiß

Mandel Quark Bällchen

Zutaten:

120 g Mandelmehl

110 g Quark 20 %

70 g Butter

1 mittleres Ei

30 g Xucker

1 Fläschchen Vanillearoma

40 g Mandeln, gehackt

30 g Haselnüsse, gehackt

Zubereitung:

Den Backofen auf 140 bis 150 Grad Umluft vorheizen.

Alle Zutaten außer den gehackten Nüssen in eine Schüssel geben und mit dem Rührgerät verrühren.

10 Minuten ins Gefrierfach geben.

Aus dem Teig 18 Bällchen formen. Die Bällchen in die gehackten Nüsse wälzen.

Auf ein mit Backpapier ausgelegtes Blech geben.

Ca. 20 Minuten, je nach Ofen backen und auskühlen lassen.

Guten Appetit!

Nährwerte pro Plätzchen:

95 Kalorien, 8,2 g Fett, 1,1 g Kohlehydrate, 4,7 g Eiweiß

Schoko Zimt Cranberry Kekse

Zutaten:

60 g Xucker

100 g Schokolade, 85 %

1 TL Natron

50 g Cranberrys, getrocknet

150 g gemahlene Mandeln

5 TL Flohsamenschalen

2 Eier

30 g Butter, weich

1 TL Zimt

Zubereitung:

Den Backofen auf 160 Grad Umluft vorheizen.

Die Cranberrys und die Schokolade klein hacken und beiseitestellen.

Die übrigen Zutaten in eine Schüssel geben und miteinander verkneten.

Nun die Cranberrys und die Schokolade unterheben.

Aus dem Teig 18 Teigkugeln formen. Der Teig ist recht weich, es können auch Teighäufchen mit 2 Teelöffeln abgestochen werden.

Auf ein mit Backpapier ausgelegtes Backblech geben und plattdrücken.

Ca. 12 Minuten backen. Auskühlen lassen und genießen.

Nährwerte pro Plätzchen:

98 Kalorien, 8,6 g Fett, 6,2 g Kohlehydrate, 3 g Eiweiß

Schoko Nuss Taler

Zutaten:

3 Eiweiße Größe M

1 Prise Salz

100 g gemahlene Haselnüsse

100 g gemahlene Mandeln

150 g Xucker

150 g Schokolade, 85 %

40 g Kokosöl

70 g Sahne

Den Backofen auf 160 Grad Umluft vorheizen.

Die Eiweiße mit einer Prise Salz in eine Schüssel geben und sehr steif schlagen, dann den Xucker unterrühren.

Die Nüsse und den Zimt unterheben und die Masse in einen Spritzbeutel füllen.

Ein Backpapier auf ein Blech geben. Die Masse in 6 cm großen Kreisen auf das Backpapier spritzen.

Ca. 14 Minuten backen, danach auskühlen lassen.

Nun die Füllung zubereiten.

Die Schokolade im Wasserbad schmelzen. Kokosöl und Sahne hinzufügen, bis eine homogene Masse entsteht. Masse abkühlen lassen, bis sie wieder etwas fester ist.

Die halbfeste Masse in einen Spritzbeutel füllen und auf die Hälfte der Kekse geben. Die andere Hälfte der Kekse als Deckel obendrauf geben und genießen.

Nährwerte pro Plätzchen:

98 Kalorien, 9,9 g Fett, 1,9 g Kohlehydrate, 2.0 g Eiweiß

Spekulatius

<u>Zutaten:</u>

250 g Mandeln, gemahlen

1 TL Guarkernmehl

130 g Butter

5 TL Spekulatius Gewürz

2 Eier Größe M

1 TL Back-Kakao

90 g Xucker

Zubereitung:

Den Backofen auf 140 Grad Umluft vorheizen.

Alle Zutaten in eine Schüssel geben und mit dem Rührgerät zu einem homogenen Teig verkneten.

Den Teig in eine Spekulatius Form geben, oder mit Formen ausstechen und ca. 20 Minuten backen.

Abkühlen lassen und genießen.

Nährwerte pro Plätzchen:

82 Kalorien, 7,2 g Fett, 2,2 g Kohlehydrate, 2,2 g Eiweiß

Rum-Mandel-Schokolade-Cookies

Zutaten:

1 Ei, Größe M

70 g Mandelmehl

80 g Xucker

30 g Butter

150 g Schokolade, 85 %

Ein Fläschchen Rumaroma

1/2 TL Natron

Zubereitung:

Die Schokolade in Stücke hacken. Dann die Schokolade im Wasserbad schmelzen. Etwas abkühlen lassen.

Die anderen Zutaten in eine Schüssel geben. Die Schokolade hinzufügen und alles miteinander verrühren. Eine halbe Stunde kaltstellen.

Den Backofen auf 160 Grad Umluft vorheizen.

Ein Backblech mit Backpapier auskleiden.

Mit zwei Teelöffeln kleine Teighäufchen auf das Backpapier geben und ca. 10 Minuten backen.

Vollständig auskühlen lassen.

Guten Appetit!

Nährwert pro Cookie:

65 Kalorien, 4,5 g Fett, 3,2 g Kohlehydrate, 2,7 g Eiweiß

Zimt Bällchen

Zutaten:

120 g Mandelmehl

110 g Quark 20 %

70 g Butter

1TL Zimt

1 mittleres Ei

30 g Xucker

1 Fläschchen Vanillearoma

40 g Mandeln, gehackt

30 g Haselnüsse, gehackt

Zubereitung:

Den Backofen auf 140 bis 150 Grad Umluft vorheizen.

Alle Zutaten außer den gehackten Nüssen in eine Schüssel geben und mit dem Rührgerät verrühren.

10 Minuten ins Gefrierfach geben.

Aus dem Teig 18 Bällchen formen. Die Bällchen in die gehackten Nüsse wälzen.

Auf ein mit Backpapier ausgelegtes Blech geben.

Ca. 20 Minuten, je nach Ofen backen und auskühlen lassen.

Guten Appetit!

Nährwerte pro Plätzchen:

95 Kalorien, 8,2 g Fett, 1,1 g Kohlehydrate, 4,7 g Eiweiß

Zimt Walnuss Plätzchen

Zutaten

100 g gemahlene Mandeln

160 g gemahlene Walnüsse

100 g Xucker

90 g weiche Butter

45 g Eiweißpulver nach Wahl

1 TL Zimt

1 Ei

Zubereitung

Den Backofen auf 160 Grad Umluft vorheizen.

Alle Zutaten in eine Schüsselgeben und miteinander verkneten.

Den Teig eine halbe Stunde lang kühlen.

20 Kugeln formen uns auf ein mit Backpapier ausgelegtes Backblech geben.

Den Teig mit der Gabel runter drücken.

Ca. 10 bis 12 Minuten backen. Auskühlen lassen und genießen.

Nährwerte pro Plätzchen:

136 Kalorien, 11,8 g Fett, 3,8 g Kohlehydrate, 3,7 g Eiweiß

Walnuss Orangen Plätzchen

Zutaten

100 g gemahlene Mandeln

160 g gemahlene Walnüsse

100 g Xucker

90 g weiche Butter

45 g Eiweißpulver nach Wahl

Abrieb einer halben Bio Orange

1 Ei

Zubereitung

Den Backofen auf 160 Grad Umluft vorheizen.

Alle Zutaten in eine Schüsselgeben und miteinander verkneten.

Den Teig eine halbe Stunde lang kühlen.

20 Kugeln formen uns auf ein mit Backpapier ausgelegtes Backblech geben.

Den Teig mit der Gabel runter drücken.

Ca. 10 bis 12 Minuten backen. Auskühlen lassen und genießen.

Nährwerte pro Plätzchen:

136 Kalorien, 11,8 g Fett, 3,9 g Kohlehydrate, 3,7 g Eiweiß

Butterplätzchen

<u>Zutaten:</u>

100 g gemahlene Mandeln

70 g Eiweißpulver Vanille

2 Eier

100 g Butter, weich

70 g Puder Erythrit

½ TL Backpulver

Zubereitung:

Den Backofen auf 40 Grad Umluft vorheizen. Alle Zutaten in eine Schüssel geben und miteinander verkneten.

Den Teig 10 Minuten ins Gefrierfach legen.

Den Teig hinausnehmen und 25 Kugeln daraus formen.

Auf ein mit Backpapier belegtes Backblech geben und mit einer Gabel plattdrücken.

Die Plätzchen ca. 12 Minuten backen.

Auskühlen lassen und genießen.

Nährwerte pro Plätzchen:

70 Kalorien, 6 g Fett, 0,7 g Kohlehydrate, 3,7 g Eiweiß

Vanille Kipferl

Zutaten:

130 g Mandelmehl

70 g gemahlene Mandeln

120 g Butter, weich

2 Eigelbe

90 g Puderxucker

1 Vanilleschote

30 g Puderxucker

1 Prise Salz

Zubereitung:

Alle Zutaten außer 30 g Puderxucker in eine Schüssel geben. Das Mark einer Vanilleschote auskratzen und ebenfalls in die Schüssel geben.

Zu einer 1 cm dicken Rolle formen und 20 Minuten im Kühlschrank kühlen.

Den Backofen auf 160 Grad Umluft vorheizen.

Ca. 4 cm lange Stücke von der Rolle abschneiden und zu Kipferl formen.

Ein Backblech mit Backpapier auslegen und die Kipferl darauf geben.

Ca. 10 Minuten backen. Die heißen Kipferl mit Puderxucker bestreuen. Abkühlen lassen und genießen.

Nährwerte pro Kipferl:

55 Kalorien, 4,7 g Fett, 3,5 g Kohlehydrate, 2,4 g Eiweiß

Haselnuss Kipferl

Zutaten:

130 g Mandelmehl

70 g gemahlene Haselnüsse

1 Prise Zimt

120 g Butter, weich

2 Eigelbe

90 g Puderxucker

1 Vanilleschote

30 g Puderxucker

1 Prise Salz

Zubereitung:

Alle Zutaten außer 30 g Puderxucker in eine Schüssel geben. Das Mark einer Vanilleschote auskratzen und ebenfalls in die Schüssel geben.

Zu einer 1 cm dicken Rolle formen und 20 Minuten im Kühlschrank kühlen.

Den Backofen auf 160 Grad Umluft vorheizen.

Ca. 4 cm lange Stücke von der Rolle abschneiden und zu Kipferl formen.

Ein Backblech mit Backpapier auslegen und die Kipferl darauf geben.

Ca. 10 Minuten backen. Die heißen Kipferl mit Puderxucker bestreuen. Abkühlen lassen und genießen.

Nährwerte pro Kipferl:

57 Kalorien, 4,7 g Fett, 3,8 g Kohlehydrate, 2,3 g Eiweiß

Saftige Lebkuchen

<u>Zutaten:</u>

200 g gemahlene Haselnüsse

100 g gemahlene Mandeln

100 g gehackte Haselnüsse

200 g Xucker

3 Eier, Größe M

2 TL Lebkuchengewürz

½ TL Zimt

Glasur:

150 g Schokolade, 85 %

30 g Butter

Zubereitung:

Den Backofen auf 160 Grad Umluft vorheizen.

Alle Zutaten für den Teig in eine Schüssel geben und mit dem Rührgerät zu einem Teig verrühren.

Den Teig zu 22 Kugeln formen, auf ein mit Backpapier ausgelegtes Backblech geben und mit der Gabel runterdrücken.

Im Backofen für ca. 15 Minuten backen.

Die Lebkuchen ganz auskühlen lassen.

Die Schokolade mit der Butter im Wasserbad schmelzen.

Die Lebkuchen damit bestreichen.

Trocknen lassen und genießen.

Nährwerte pro Lebkuchen:

122 Kalorien, 11,8 g Fett, 12,3 g Kohlehydrate, 3,2 g Eiweiß

Zimtsterne

<u>Zutaten:</u>

300 g gemahlene Mandeln

50 g Mandelmehl

3 Eiweiße, Größe M

150 g Puder Xucker

1 TL Zimt

2 Prisen Salz

Zubereitung:

Die Eiweiße in die Schüssel geben und das Salz hinzufügen, sehr steif schlagen, dann den Puder Xucker hinzugeben und unter den Eischnee geben. Die Hälfte der Masse für später an die Seite stellen.

Die übrigen Zutaten in eine Schüssel geben und miteinander vermischen. Die eine Hälfte des Eischnees unterheben.

Eine Stunde im Kühlschrank etwas fester werden lassen.

Den Backofen auf 140 Grad Umluft vorheizen.

Den Teig auf einen Backpapier ausrollen und Sterne ausstechen.

Ein Backblech mit Backpapier auskleiden und die Sterne auf das Backpapier geben. Die Sterne mit der restlichen Eiweißmasse bestreichen.

Unter Aufsicht für ca. 20 Minuten backen.

Guten Appetit!

Nährwert pro Plätzchen:

39 Kalorien, 3,2 g Fett, 2,5 g Kohlehydrate, 1,9 g Eiweiß

Kokosmakronen

Zutaten:

150 g Kokosraspeln

3 Eiweiße, Größe M

50 g Xucker

1 Prise Salz

Mark einer halben Vanilleschote

Zubereitung:

Den Backofen auf 140 Grad Umluft vorheizen.

Die Eiweiße mit dem Salz in eine Schüssel geben und sehr steif schlagen.

Die restlichen Zutaten unter der Masse heben.

Ein Backblech mit Backpapier auskleiden und mit 2 TL 22 Häufchen Kokosmakronen auf das Backpapier geben. Für ca. 25 Minuten unter Beobachtung backen.

Auskühlen lassen und genießen.

Nährwerte pro Makrone

29 Kalorien, 3,1 g Fett, 0,5 g Kohlehydrate, 0,6 g Eiweiß

Haselnussmakronen

<u>Zutaten:</u>

150 g Haselnuss gemahlen

3 Eiweiße, Größe M

50 g Xucker

1 Prise Salz

Mark einer halben Vanilleschote

Zubereitung:

Den Backofen auf 140 Grad Umluft vorheizen.

Die Eiweiße mit dem Salz in eine Schüssel geben und sehr steif schlagen.

Die restlichen Zutaten unter der Masse heben.

Ein Backblech mit Backpapier auskleiden und mit 2 TL 22 Häufchen Kokosmakronen auf das Backpapier geben. Für ca. 25 Minuten unter Beobachtung backen.

Auskühlen lassen und genießen.

Nährwerte pro Makrone

33 Kalorien, 3,1 g Fett, 0,8 g Kohlehydrate, 0,6 g Eiweiß

Glühwein Plätzchen

Zutaten:

100 g gemahlene Mandeln

1 TL Zimt

1 TL Glühwein Gewürz

Etwas rote Speisefarbe

70 g Eiweißpulver Vanille

2 Eier

100 g Butter, weich

70 g Puder Erythrit

½ TL Backpulver

Zubereitung:

Den Backofen auf 40 Grad Umluft vorheizen. Alle Zutaten in eine Schüssel geben und miteinander verkneten.

Den Teig 10 Minuten ins Gefrierfach legen.

Den Teig hinausnehmen und 25 Kugeln daraus formen.

Auf ein mit Backpapier belegtes Backblech geben und mit einer Gabel plattdrücken.

Die Plätzchen ca. 12 Minuten backen.

Auskühlen lassen und genießen.

Nährwerte pro Plätzchen:

70 Kalorien, 6 g Fett, 0,5 g Kohlehydrate, 3,7 g Eiweiß

Anis Plätzchen

Zutaten:

100 g gemahlene Mandeln

2 Eier, Größe M

1 Prise Salz

50 g Xucker

1 gute Prise Anis, gemahlen

1 Prise Pfeffer, weiß

Zubereitung:

Den Backofen auf 140 Grad Umluft vorheizen.

Die Eier trennen und das Eiweiß steif schlagen.

Die anderen Zutaten in eine Schüssel geben und miteinander vermengen.

Das Eiweiß untergeben.

Ein Backblech mit Backpapier auskleiden.

Den Teig in einen Spritzbeutel geben und 16 Plätzchen auf das Backpapier spritzen.

Ca. 15 bis 18 Minuten backen. Vollständig auskühlen lassen und genießen.

Nährwerte pro Plätzchen:

68 Kalorien, 5,2 g Fett, 3,5 g Kohlehydrate, 2,5 g Eiweiß

Schoko Orangen Plätzchen

Zutaten:

120 g Butter, weich

60 g Mandelmehl

50 g Eiweißpulver, Vanille

10 g Backkakao

70 g Xucker

2 Eier, Größe M

1 TL Backpulver

½ TL Zimt

Abrieb einer halben Bio Orangenschale

30 g Puder Xucker

1 Prise Salz

Zubereitung:

Den Backofen auf 150 Grad Umluft vorheizen.

Alle Zutaten, außer Puder Xucker in eine Schüssel geben und miteinander verkneten.

Ein Backblech mit Backpapier auskleiden. Plätzchen formen und auf das Backpapier geben.

Für ca. 12 Minuten backen. Die heißen Plätzchen mit Puder Xucker bestreuen.

Guten Appetit!

Nährwerte pro Plätzchen

29 Kalorien, 2,2 g Fett, 2,1 g Kohlehydrate, 1,6 g Eiweiß

Marzipansterne

Zutaten:

300 g gemahlene Mandeln

50 g Mandelmehl

3 Eiweiße, Größe M

150 g Puder Xucker

1 Fläschchen Bittermandelaroma

2 Prisen Salz

Zubereitung:

Die Eiweiße in die Schüssel geben und das Salz hinzufügen, sehr steif schlagen, dann den Puder Xucker hinzugeben und unter den Eischnee geben. Die Hälfte der Masse für später an die Seite stellen.

Die übrigen Zutaten in eine Schüssel geben und miteinander vermischen. Die eine Hälfte des Eischnees unterheben.

Eine Stunde im Kühlschrank etwas fester werden lassen.

Den Backofen auf 140 Grad Umluft vorheizen.

Den Teig auf einen Backpapier ausrollen und Sterne ausstechen.

Ein Backblech mit Backpapier auskleiden und die Sterne auf das Backpapier geben. Die Sterne mit der restlichen Eiweißmasse bestreichen.

Unter Aufsicht für ca. 20 Minuten backen.

Guten Appetit!

Nährwert pro Plätzchen:

39 Kalorien, 3,2 g Fett, 2,6 g Kohlehydrate, 1,9 g Eiweiß

Zimtschnecken Kekse

Zutaten:

220 g Butter

440 g Mandelmehl

2 TL Johannisbrotkernmehl

4 Eier

200 g Puderxucker

Mark einer Vanilleschote

Füllung:

120 g Butter

1 EL Zimt

1 EL Backkakao

200 g Butter, flüssig

100 g Xucker

Zubereitung:

Backofen auf 150 Grad Umluft vorheizen.

Mark einer Vanilleschote auskratzen und in eine Schüssel geben, Mandelmehl, Johannisbrotkernmehl und Xucker hinzufügen und vermischen.

Die Butter und die Eier hinzugeben und alles miteinander vermischen.

Den Teig auf ein Backpapier ausrollen.

Für die Füllung die flüssige Butter, Zimt, Kakao und Xucker vermischen.

Zu einer großen Schnecke formen.

Mit einen Messer 40 Plätzchen schneiden und auf ein Backblech geben.

Ca. 20 Minuten backen.

Auskühlen lassen.

Nährwerte pro Plätzchen

115 Kalorien, 10 g Fett, 1,3 g Kohlehydrate, 5,2 g Eiweiß

Pistazien Plätzchen

Zutaten:

2 Eier, Größe M

250 g Pistazienkerne,

1 EL Amaretto

100 g Mandelmehl

200 g Puderxucker

100 g Butter, weich

Zubereitung:

Den Backofen auf 150 Grad Umluft vorheizen.

Alle Zutaten in eine Rührschüssel geben und miteinander vermengen.

Ein Backblech mit Backpapier auskleiden.

Mit 2 Teelöffeln kleine Häufchen aufs Backpapier geben.

Ca. 15 Minuten backen.

Auskühlen lassen und genießen.

Nährwerte pro Plätzchen:

42 Kalorien, 2,9 g Fett, 2,8 g Kohlehydrate, 1,5 g Eiweiß

Weihnachtliches Spritzgebäck

Zutaten:

300 g Kokosmehl

170 g Butter, weich

½ TL Guarkernmehl

2 EL Sahne

90 g Xucker

2 Eier, Größe M

Zubereitung:

Den Backofen auf 160 Grad Umluft vorheizen.

Alle Zutaten in eine Schüssel geben und miteinander verrühren.

Ein Backblech mit Backpapier auslegen.

Den Teig in einem Spritzbeutel füllen und 26 Kekse auf das Backpapier spritzen.

Ca. 10 Minuten backen.

Guten Appetit!

Nährwerte pro Plätzchen:

89 Kalorien, 6,9 g Fett, 2,2 g Kohlehydrate, 2,6 g Eiweiß

Orangen Mandel Kuchen

Zutaten:

250 g gemahlene Mandeln

200 g Xucker

Abrieb der Schale einer Bio Orange

4 Eier, Größe M

1 Päckchen Backpulver

100 g Butter

1 TL Guarkernmehl

1 Fläschchen Orangenaroma

Zubereitung:

Den Backofen auf 160 Grad Umluft vorheizen.

Alle Zutaten in eine Rührschüssel geben und miteinander verrühren.

Eine Kuchenform einfetten, oder mit Backpapier auskleiden.

Den Teig hineingeben und ca. 50 Minuten backen, dabei gelegentlich beobachten.

Auskühlen lassen und genießen.

Nährwerte pro Stück:

174 Kalorien, 13,8 g Fett. 3,1 g Kohlehydrate, 7,4 g Eiweiß

Glühwein Kuchen

Zutaten:

250 g gemahlene Mandeln

200 g Xucker

50 ml Rotwein

4 Eier, Größe M

1 Päckchen Backpulver

100 g Butter

1 TL Guarkernmehl

2 TL Glühweingewürz

20 g Backkakao

1 TL Zimt

Zubereitung:

Den Backofen auf 160 Grad Umluft vorheizen.

Alle Zutaten in eine Rührschüssel geben und miteinander verrühren.

Eine Kuchenform einfetten, oder mit Backpapier auskleiden.

Den Teig hineingeben und ca. 50 Minuten backen, dabei gelegentlich beobachten.

Auskühlen lassen und genießen.

Nährwerte pro Stück:

184 Kalorien, 13,8 g Fett. 3,5 g Kohlehydrate, 7,4 g Eiweiß

Marzipan Kuchen

<u>Zutaten:</u>

250 g gemahlene Mandeln

200 g Xucker

1 Fläschchen Bittermandel Aroma

4 Eier, Größe M

1 Päckchen Backpulver

100 g Butter

1 TL Guarkernmehl

50 ml Rosenwasser

Zubereitung:

Den Backofen auf 160 Grad Umluft vorheizen.

Alle Zutaten in eine Rührschüssel geben und miteinander verrühren.

Eine Kuchenform einfetten, oder mit Backpapier auskleiden.

Den Teig hineingeben und ca. 50 Minuten backen, dabei gelegentlich beobachten.

Auskühlen lassen und genießen.

Nährwerte pro Stück:

174 Kalorien, 13,8 g Fett. 3,1 g Kohlehydrate, 7,4 g Eiweiß

Stollen

Zutaten:

500 g Mandelmehl

300 g Magerquark

200 g Mandeln, gestiftet

150 g Xucker

3 Eier, Größe M

180 g Butter, weich

150 g Rosinen

1 Päckchen Backpulver

1 TL Guarkernmehl

Abrieb einer Bio Orange

1 Fläschchen Bittermandel Aroma

1 Fläschchen Rum Aroma

70 g Puder Xucker

Zubereitung:

Den Backofen auf 160 Grad Umluft vorheizen.

Alle Zutaten, außer den Puder Xucker in eine Schüssel geben. Mit einem Rührgerät sorgfältig verkneten.

Eine Stollenform einfetten und den Teig hineingeben.

Ca. 1 Stunde backen. Den Stollen mit Puder Xucker bestreuen.

Nährwerte pro Portion:

171 Kalorien, 10,9 g Fett, 13 g Kohlehydrate, 9,8 g Eiweiß

Apfel Zimt Stuten

Zutaten:

100 g gemahlene Mandeln

100 g Mandelmehl

50 g Kokosmehl

125 g Quark (40 %)

200 g Apfel

3 Eier

40 g Butter

50 g Xucker

1 Päckchen Backpulver

1 TL Zimt

Zubereitung:

Den Backofen auf 160 Grad Umluft stellen.

Äpfel waschen und in kleine Stücke schneiden.

Die übrigen Zutaten in eine Schüssel geben und verkneten.

Die Äpfel unterheben. Eine Form mit Backpapier auslegen, oder einfetten. Den Teig hineingeben.

Ca. 50 Minuten backen. Auskühlen lassen und genießen.

Nährwerte pro Portion:

195 Kalorien, 12,9 g Fett, 7,8 g Kohlehydrate, 9,2 g Eiweiß

Marzipan Apfel Stuten

Zutaten:

100 g gemahlene Mandeln

100 g Mandelmehl

50 g Kokosmehl

125 g Quark (40 %)

200 g Apfel

3 Eier

40 g Butter

50 g Xucker

1 Päckchen Backpulver

1 Fläschchen Bittermandelaroma

1/2 TL Zimt

Zubereitung:

Den Backofen auf 160 Grad Umluft stellen.

Äpfel waschen und in kleine Stücke schneiden.

Die übrigen Zutaten in eine Schüssel geben und verkneten.

Die Äpfel unterheben. Eine Form mit Backpapier auslegen, oder einfetten. Den Teig hineingeben.

Ca. 50 Minuten backen. Auskühlen lassen und genießen.

Nährwerte pro Portion:

195 Kalorien, 12,9 g Fett, 7,4 g Kohlehydrate, 9,2 g Eiweiß

Orangen Stuten

<u>Zutaten:</u>

100 g gemahlene Mandeln

100 g Mandelmehl

50 g Kokosmehl

125 g Quark (40 %)

100 g Apfel

50 g Orangensaft

1 Päckchen Orangenschale

1 Fläschchen Orangenaroma

3 Eier

40 g Butter

50 g Xucker

1 Päckchen Backpulver

1 TL Zimt

1 Prise Nelke

Zubereitung:

Den Backofen auf 160 Grad Umluft stellen.

Äpfel waschen und in kleine Stücke schneiden.

Die übrigen Zutaten in eine Schüssel geben und verkneten.

Die Äpfel unterheben. Eine Form mit Backpapier auslegen, oder einfetten. Den Teig hineingeben.

Ca. 50 Minuten backen. Auskühlen lassen und genießen.

Nährwerte pro Portion:

195 Kalorien, 12,9 g Fett, 8,2 g Kohlehydrate, 9,2 g Eiweiß

Weihnachts Brownies

Zutaten:

4 Eier, Größe M

200 g gemahlene Mandeln

100 g Butter, weich

100 g Puder Xucker

100 g Schokolade, 85 %

2 El Back Kakao

70 g gehackte Haselnüsse

4 EL Sahne

1 TL Backpulver

20 g Rum

1 TL Zimt

1 TL Guarkernmehl

Zubereitung:

Den Backofen auf 160 Grad Umluft vorheizen.

Die Schokolade hacken.

Die übrigen Zutaten in eine Schüssel geben und miteinander vermengen. Nun die gehackte Schokolade unterheben.

Eine Auflaufform mit Backpapier auskleiden und den Teig hineingeben.

Für ca. Minuten backen und genießen.

Nährwerte pro Brownie:

169 Kalorien, 10,9 g Fett, 12,9 g Kohlehydrate, 9,6 g Eiweiß

Lebkuchen Brownies

Zutaten:

4 Eier, Größe M

200 g gemahlene Mandeln

100 g Butter, weich

100 g Puder Xucker

100 g Schokolade, 85 %

2 El Back Kakao

70 g gehackte Haselnüsse

4 EL Sahne

1 TL Backpulver

20 g Rum

2 TL Lebkuchengewürz

¼ TL Pfeffer, weiß

1 TL Guarkernmehl

<u>Zubereitung:</u>

Den Backofen auf 160 Grad Umluft vorheizen.

Die Schokolade hacken.

Die übrigen Zutaten in eine Schüssel geben und miteinander vermengen. Nun die gehackte Schokolade unterheben.

Eine Auflaufform mit Backpapier auskleiden und den Teig hineingeben.

Für ca. Minuten backen und genießen.

Nährwerte pro Brownie:

169 Kalorien, 10,9 g Fett, 12,9 g Kohlehydrate, 9,6 g Eiweiß

Anis Brownies

Zutaten:

4 Eier, Größe M

200 g gemahlene Mandeln

100 g Butter, weich

100 g Puder Xucker

100 g Schokolade, 85 %

2 El Back Kakao

70 g gehackte Haselnüsse

4 EL Sahne

1 TL Backpulver

20 g Rum

1 TL Zimt

¼ TL Anis

¼ TL Pfeffer, weiß

¼ TL Nelke, gemahlen

1 TL Guarkernmehl

Zubereitung:

Den Backofen auf 160 Grad Umluft vorheizen.

Die Schokolade hacken.

Die übrigen Zutaten in eine Schüssel geben und miteinander vermengen. Nun die gehackte Schokolade unterheben.

Eine Auflaufform mit Backpapier auskleiden und den Teig hineingeben.

Für ca. Minuten backen und genießen.

Nährwerte pro Brownie:

169 Kalorien, 10,9 g Fett, 12,9 g Kohlehydrate, 9,6 g Eiweiß

Zimt Waffeln

Zutaten:

100 g Mandelmehl

100 g Mandeln, gemahlen

250 g Quark (40 %)

125 g Butter

8 Eier

2 EL Flohsamenschalen

80 g Xucker

1 TL Backpulver

1 TL Zimt

Zubereitung:

Das Waffeleisen vorheizen.

Alle Zutaten in eine Schüssel geben und miteinander vermengen.

Den Teil Löffelweise im Waffeleisen abbacken.

Guten Appetit!

Nährwerte pro Waffel

258 Kalorien, 22 g Fett, 2,6 g Kohlehydrate, 10,4 g Eiweiß

Walnuss Waffeln

Zutaten:

100 g Mandelmehl

100 g Walnüsse, gemahlen

250 g Quark (40 %)

125 g Butter

1 Fläschchen Rumaroma

8 Eier

2 EL Flohsamenschalen

80 g Xucker

1 TL Backpulver

Zubereitung:

Das Waffeleisen vorheizen.

Alle Zutaten in eine Schüssel geben und miteinander vermengen.

Den Teil Löffelweise im Waffeleisen abbacken.

Guten Appetit!

Nährwerte pro Waffel

258 Kalorien, 22 g Fett, 2,8 g Kohlehydrate, 10,4 g Eiweiß

Orangen Waffeln

Zutaten:

100 g Mandelmehl

100 g Mandeln, gemahlen

250 g Quark (40 %)

125 g Butter

8 Eier

2 EL Flohsamenschalen

80 g Xucker

1 TL Backpulver

1 Fläschchen Orangen Aroma

Abrieb einer halben Bio Orangenschale

Zubereitung:

Das Waffeleisen vorheizen.

Alle Zutaten in eine Schüssel geben und miteinander vermengen.

Den Teil Löffelweise im Waffeleisen abbacken.

Guten Appetit!

Nährwerte pro Waffel

258 Kalorien, 22 g Fett, 2,7 g Kohlehydrate, 10,4 g Eiweiß

Spekulatius Trüffel

Zutaten:

80 g Mascarpone

80 g Butter, weich

80 g gemahlene Mandeln

100 g Xucker

60 g Kokosmehl

1 TL Spekulatius Gewürz

200 g Schokolade, 85 %

20 g Butter

Zubereitung:

Alle Zutaten, außer die Schokolade und die 20 g Butter in eine Schüssel geben und miteinander verkneten.

Eine Stunde im Kühlschrank kühlen.

Die Masse zu 30 Kugeln formen.

Für 20 Minuten ins Eisfach geben.

Die Schokolade und die Butter im Wasserbad schmelzen.

Die Pralinen darin eintauchen. Noch ein paar Minuten im Kühlschrank trocknen lassen, dann genießen.

Nährwerte pro Trüffel:

89 Kalorien, 7,8 g Fett, 3,2 g Kohlehydrate, 1,7 g Eiweiß

Lebkuchen Trüffel

Zutaten:

80 g Mascarpone

80 g Butter, weich

80 g gemahlene Mandeln

100 g Xucker

60 g Kokosmehl

1 TL Lebkuchen Gewürz

200 g Schokolade, 85 %

20 g Butter

Zubereitung:

Alle Zutaten, außer die Schokolade und die 20 g Butter in eine Schüssel geben und miteinander verkneten.

Eine Stunde im Kühlschrank kühlen.

Die Masse zu 30 Kugeln formen.

Für 20 Minuten ins Eisfach geben.

Die Schokolade und die Butter im Wasserbad schmelzen.

Die Pralinen darin eintauchen. Noch ein paar Minuten im Kühlschrank trocknen lassen, dann genießen.

Nährwerte pro Trüffel:

89 Kalorien, 7,8 g Fett, 3,2 g Kohlehydrate, 1,7 g Eiweiß

Glühwein Trüffel

Zutaten:

80 g Mascarpone

80 g Butter, weich

80 g gemahlene Mandeln

100 g Xucker

60 g Mandelmehl

1 TL Glühwein Gewürz

200 g Schokolade, 85 %

20 g Butter

Zubereitung:

Alle Zutaten, außer die Schokolade und die 20 g Butter in eine Schüssel geben und miteinander verkneten.

Eine Stunde im Kühlschrank kühlen.

Die Masse zu 30 Kugeln formen.

Für 20 Minuten ins Eisfach geben.

Die Schokolade und die Butter im Wasserbad schmelzen.

Die Pralinen darin eintauchen. Noch ein paar Minuten im Kühlschrank trocknen lassen, dann genießen.

Nährwerte pro Trüffel:

85 Kalorien, 7,8 g Fett, 3,0 g Kohlehydrate, 1,8 g Eiweiß

Orangen Trüffel

<u>Zutaten:</u>

80 g Mascarpone

80 g Butter, weich

80 g gemahlene Mandeln

100 g Xucker

60 g Mandelmehl

1 Fläschchen Orangen Aroma

1 TL Orangenschale

200 g Schokolade, 85 %

20 g Butter

Zubereitung:

Alle Zutaten, außer die Schokolade und die 20 g Butter in eine Schüssel geben und miteinander verkneten.

Eine Stunde im Kühlschrank kühlen.

Die Masse zu 30 Kugeln formen.

Für 20 Minuten ins Eisfach geben.

Die Schokolade und die Butter im Wasserbad schmelzen.

Die Pralinen darin eintauchen. Noch ein paar Minuten im Kühlschrank trocknen lassen, dann genießen.

Nährwerte pro Trüffel:

86 Kalorien, 7,8 g Fett, 3,2 g Kohlehydrate, 1,8 g Eiweiß

Pistazien Trüffel

Zutaten:

80 g Mascarpone

80 g Butter, weich

80 g gemahlene Pistazien

2 TL Amaretto

100 g Xucker

70 g Mandelmehl

200 g Schokolade, 85 %

20 g Butter

Zubereitung:

Alle Zutaten, außer die Schokolade und die 20 g Butter in eine Schüssel geben und miteinander verkneten.

Eine Stunde im Kühlschrank kühlen.

Die Masse zu 30 Kugeln formen.

Für 20 Minuten ins Eisfach geben.

Die Schokolade und die Butter im Wasserbad schmelzen.

Die Pralinen darin eintauchen. Noch ein paar Minuten im Kühlschrank trocknen lassen, dann genießen.

Nährwerte pro Trüffel:

89 Kalorien, 7,9 g Fett, 4,0 g Kohlehydrate, 1,8 g Eiweiß

Marzipan Kartoffeln

Zutaten:

100 g gemahlene Mandeln

100 g Puder Xucker

25 ml Rosenwasser

6 Tropfen Bittermandelöl

½ TL Zimt

Zubereitung:

Alle Zutaten, außer Zimt, in einen Mixer geben und miteinander vermixen, bis eine fettige, homogene Masse entstanden ist.

Zu 40 Kugeln formen und in Zimt wälzen.

Im Kühlschrank aufbewahren.

Nährwerte pro Kartoffel

22 Kalorien, 1,5 g Fett, 2,2 g Kohlehydrate, 0,7 g Eiweiß

Rumkugeln

<u>Zutaten Kuchenteig:</u>

150 g Xucker

4 Eier, Größe M

100 g Mandeln, gemahlen

50 g Butter, zimmerwarm

1 Fläschchen Rumaroma

1 TL Backpulver

40 g Eiweißpulver

1 El Backkakao

50 ml Wasser, handwarm

Zutaten Rumkugeln:

Den fertigen Kuchen

100 g Frischkäse

50 g Butter, flüssig

30 g Backkakao

2 Fläschchen Rumaroma

Zum Wälzen:

100 g Schokolade, 85 %

Zubereitung Kuchen:

Den Backofen auf 160 Grad Umluft vorheizen.

Die Zutaten für den Teig in eine Schüssel geben und mit dem Rührgerät vermengen.

Eine Kuchenform einfetten, oder mit Backpapier auslegen.

Den Teig hineingeben und ca. 20-25 Minuten backen.

Abkühlen lassen.

Zubereitung Rumkugeln:

Den Kuchen zerkrümeln und in eine Schüssel geben.

Die übrigen Zutaten hinzufügen und vermischen.

Aus dem Teig ca. 30 Kugeln formen.

In Schokolade wälzen und im Kühlschrank aufbewahren.

Nährwerte pro Rumkugel

32 Kalorien, 7,2 g Fett, 7 g Kohlehydrate, 3,2 g Eiweiß

Gebrannte Mandeln

Zutaten:

250 g Mandeln

250 g Xucker

120 g Wasser

½ TL Zimt

Zubereitung:

Zimt, Wasser und Xucker in eine beschichtete Pfanne geben und kochen lassen.

Nun die Mandeln hinzugeben und unter ständigem Rühren köcheln lassen, bis die Flüssigkeit weg ist und krümelig wird.

Xucker sollte dabei nicht zu dunkel werden.

Auf ein Backpapier schütteln und auskühlen lassen.

Guten Appetit!

Nährwerte pro Portion

290 Kalorien, 17,6 g Fett, 36,8 g Kohlehydrate, 8,1 g Eiweiß

Schoko Zimt Mandeln

<u>Zutaten:</u>

250 g Mandeln

30 g Puder Xucker

100 g Schokolade, 85 % Fett

½ TL Zimt

50 g Puder Xucker

Zubereitung:

Den Backofen auf 160 Grad Umluft vorheizen.

Ein Backblech mit Backpapier auslegen. Die Mandeln hinaufgeben und mit 30 g Puder Xucker bestäuben.

Für etwa 20 Minuten im Backofen rösten.

Auskühlen lassen.

Die Schokolade mit Zimt im Wasserbad schmelzen. Die Mandeln damit überziehen und trocknen lassen.

Die getrockneten Mandeln in 50 g Puder Xucker wälzen und genießen.

Nährwerte pro Portion

282 Kalorien, 20,9 g Fett, 15,9 g Kohlehydrate, 9 g Eiweiß

Bratapfel mit Marzipan

Zutaten:

120 g gemahlene Mandeln

100 g Puder Xucker

20 ml Rosenwasser

4 Äpfel (für 4 Personen)

4 El Mandeln, gehobelt

1 TL Zimt

5 Tropfen Bittermandelaroma

Zubereitung:

Die gehobelten Mandeln in einer beschichteten Pfanne trocken anrösten.

Äpfel waschen und Kerngehäuse ausstechen. Beiseitestellen.

Die gemahlenen Mandeln und Puder Xucker in eine Schüssel geben. Bittermandelaroma und Rosenwasser hinzugeben und miteinander verkneten, bis das Marzipan entsteht.

Äpfel in eine gebutterte Auflaufform geben und mit dem Marzipan füllen. 15 Minuten bei 170 Grad Umluft backen. Die gebratenen Mandeln auf die Äpfel geben und nochmals 10 Minuten backen.

Guten Appetit!

Nährwerte pro Portion

308 Kalorien, 27,9 g Fett, 21,9 g Kohlehydrate, 8 g Eiweiß

Mandelpudding mit Rotwein Äpfeln

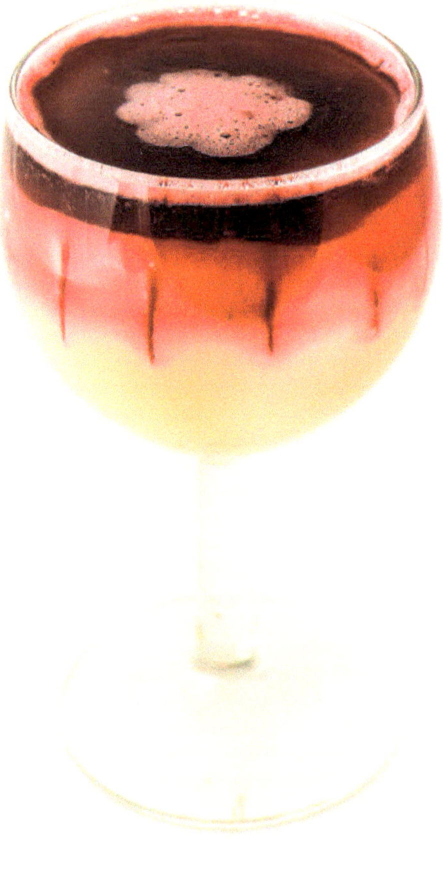

Zutaten:

(4 Portionen)

800 ml Mandelmilch, ungesüßt

100 g Xucker

100 g Rotwein

100 g gehackte Mandeln

10 Blatt Gelatine

2 Äpfel

1 TL Zimt

Zubereitung:

Die Gelatine vorbereiten und im kalten Wasser einweichen.

Die gehackten Mandeln in einer beschichteten Pfanne goldbraun rösten.

Die Mandelmilch in einem Topf geben und erhitzen. Xucker und Zimt hinzufügen und verrühren.

Die Gelatine ausdrücken und sorgfältig in die Milch rühren.

In vier Gläsern füllen und mindestens 6 Stunden kaltstellen.

Die Äpfel schälen, entkernen und in Stücke schneiden.

Den Rotwein im Topf erwärmen und einen halben Teelöffel Zimt hinzugeben.

Die Äpfel hinzugeben und nochmals 3 Minuten köcheln lassen.

Über den Pudding geben und servieren.

Nährwerte pro Portion

267 Kalorien, 10,2 g Fett, 12,6 g Kohlehydrate, 8,9 g Eiweiß